Zebra 1

Buchstabenheft

Erarbeitet von
Angelika Merz,
Katja Peterson,
Katrin Riedl

Stephanie Brettschneider,
Maria Feiten,
Bärbel Hilgenkamp,
Andreas Körnich,
Gabriele Reusche,
Gerlind Schwanitz,
Barbara Weingand und
Gabi Zimmermann

Ernst Klett Verlag
Stuttgart • Leipzig

Inhalt

Vorkurs

Buchstabenlernen

Königsbuchstaben

Erweiterung der Schreibtabelle

Name: ____________________

Das kann ich schon:

A Z Y X W V

B U

C T

D S

E R

F Q

G P

H O

I

J K L M N

Wo findest du Buchstaben oder Wörter?

Name:

Welche Wörter reimen sich?

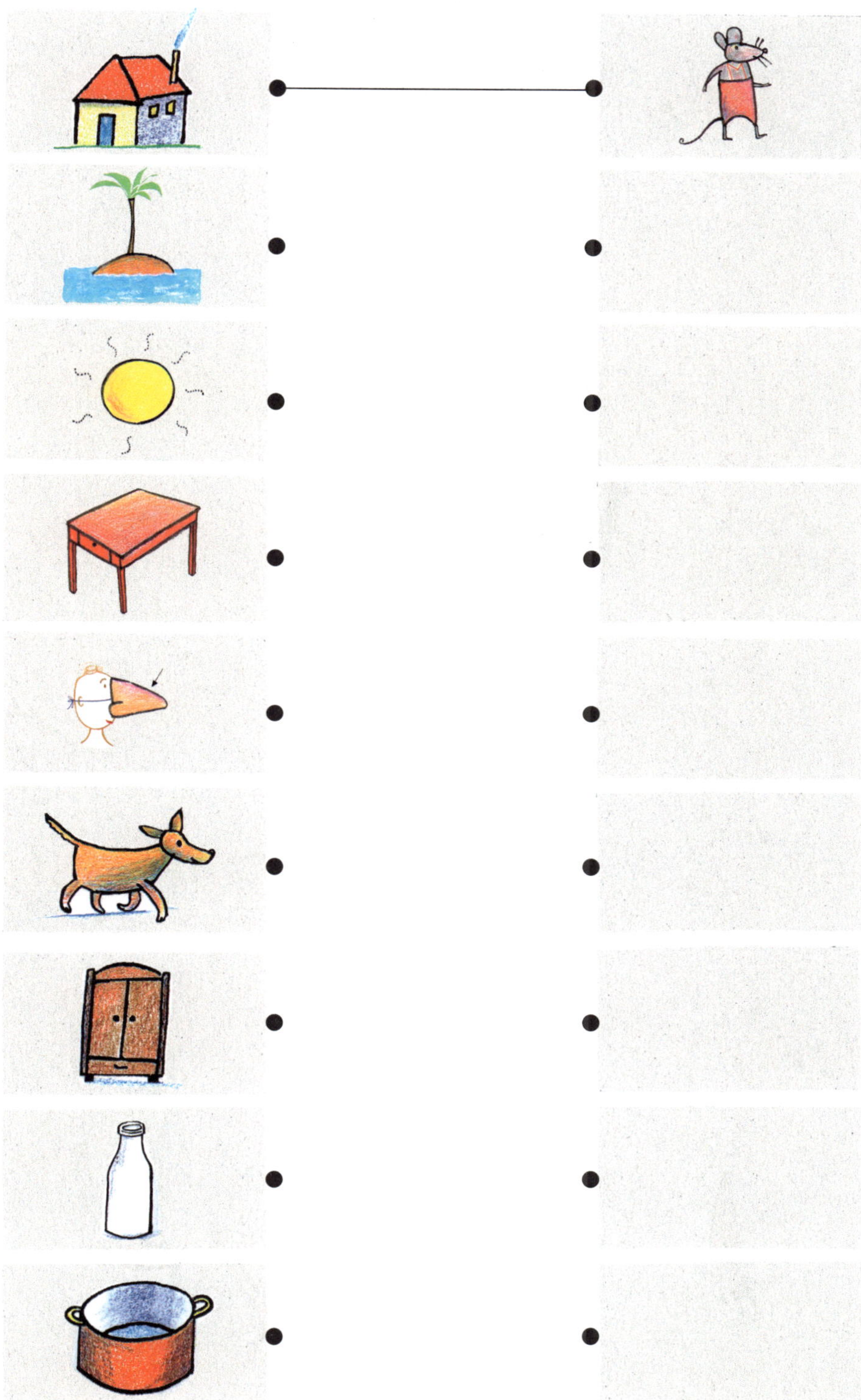

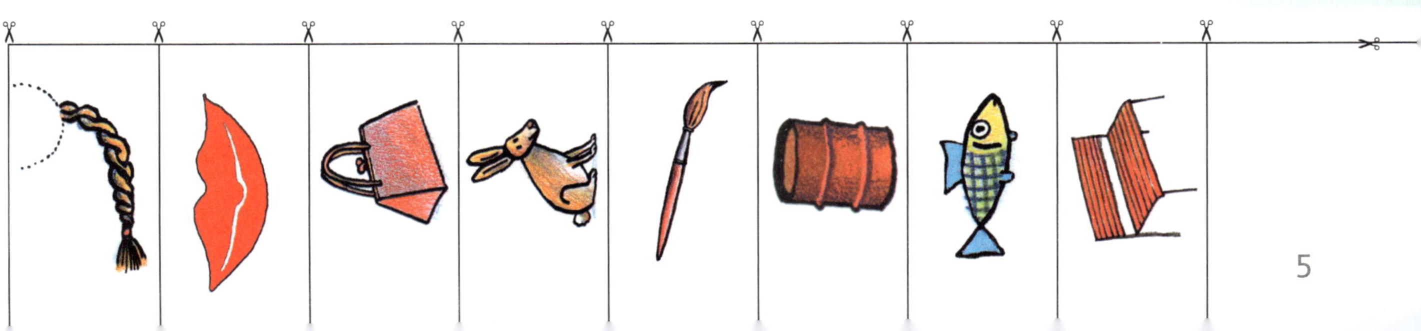

Welche Wörter reimen sich?

Name: ____________________

Kannst du die Silben hören?

Wie viele Silben hörst du?

Name: ______________________________

Wie viele Silben hörst du?
Wo wohnen die Tiere?

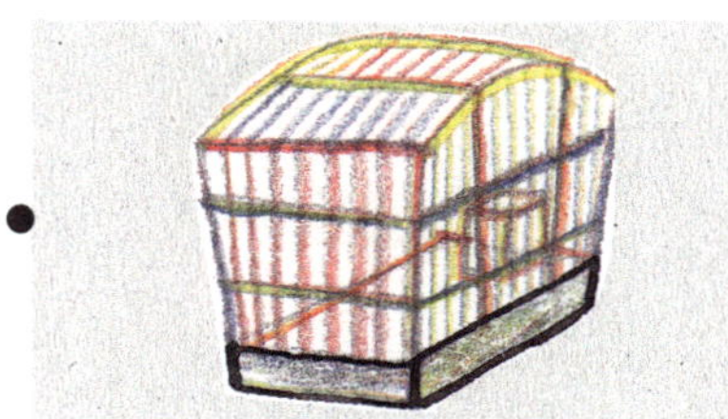

Wie viele Silben hörst du?
In welchen Korb muss das Obst?

Name:

Welche Buchstaben passen zu den Bildern?

 M m

Ch ch	D d	S s	W w	Sch sch	G g	B b	L l	M m	

Welche Wörter klingen am Anfang gleich?

Name:

Welche Buchstaben passen zu den Bildern?

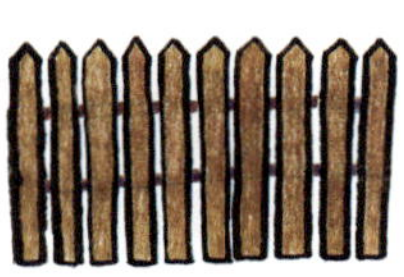

T t	K k	P p	N n	J j	F f	R r	Z z	H h

Welche Wörter klingen am Anfang gleich?

Name: ______________________________

Welche Buchstaben passen zu den Bildern?

Eu eu	A a	U u	I i	Ü ü	O o	E e	Ö ö	Ei ei	Au au

Welche Wörter klingen am Anfang gleich?

Name:

Welche Buchstaben passen zu den Bildern?

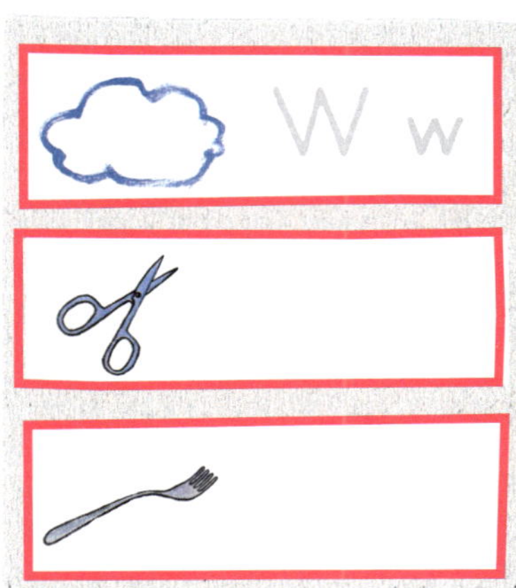

Welche Buchstaben passen zu den Bildern?

Name: ______________________________

Welchen Laut hörst du am Anfang?

Welche Wörter klingen am Anfang gleich?

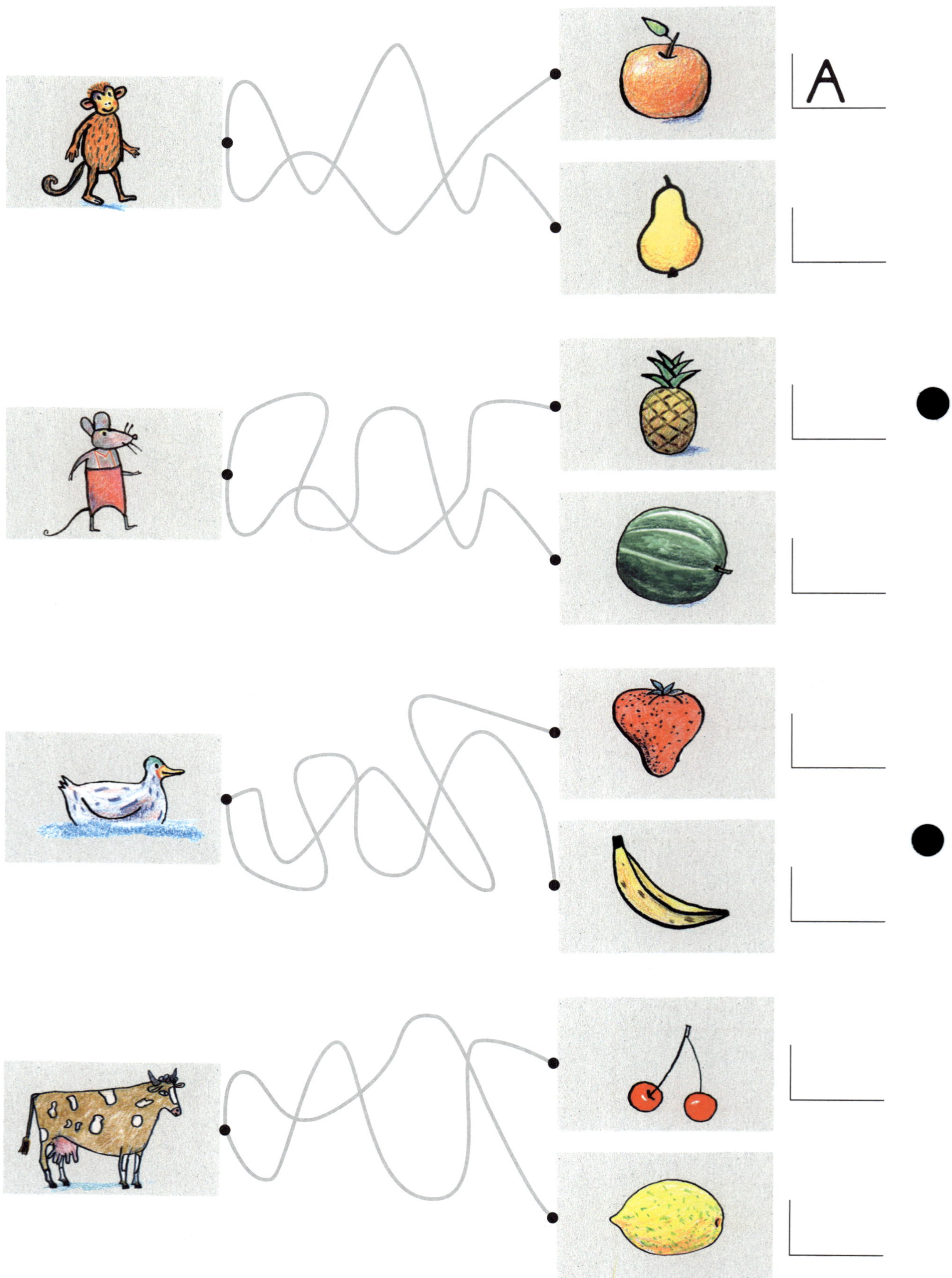

Start
A a
F f
B b
K k
H h
N n
P p
T t
O o
G g
L l
J j
E e
D d
I i
S s
M m
R r
W w
Z z
Ei ei
U u
Au au
Ziel
Du brauchst:
Du musst:
Würfeln
Hüpfen
Suchen

Start
Du brauchst:
Du musst:
Würfeln
Hüpfen
Schwingen
Hüpfen
Ziel

Name:

A a

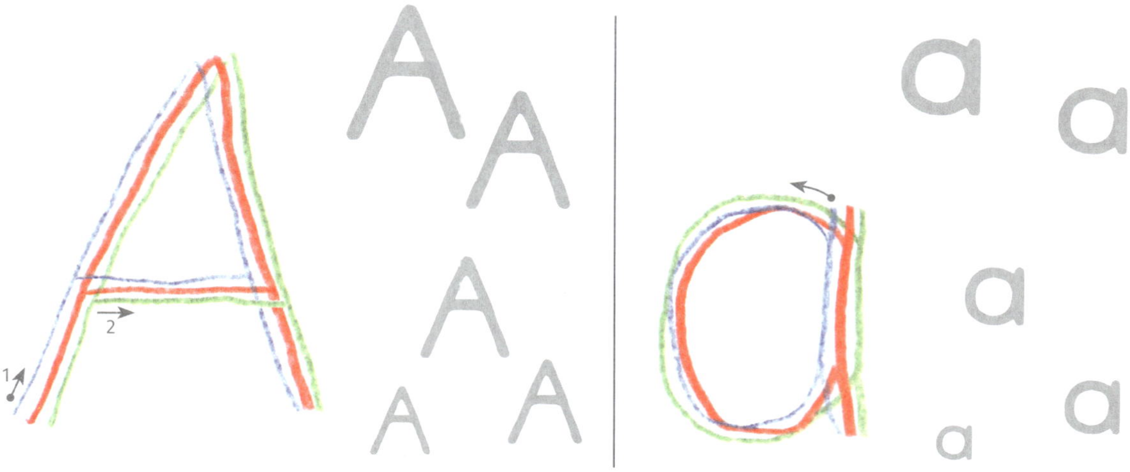

A a

A a

A a

A a

Mit einem Apfel,
einer Banane
und einer Mandarine
macht Anton Obstsalat.
Was passt noch dazu? Sahne?
Na dann, guten Appetit!

3 A 13 a

A

A | a

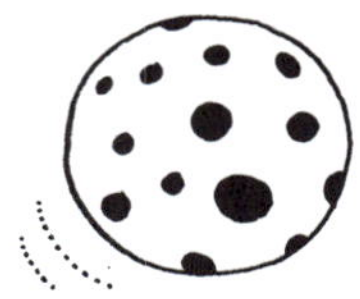

Name: ______________________

E e

E

E

e

Ee

E e

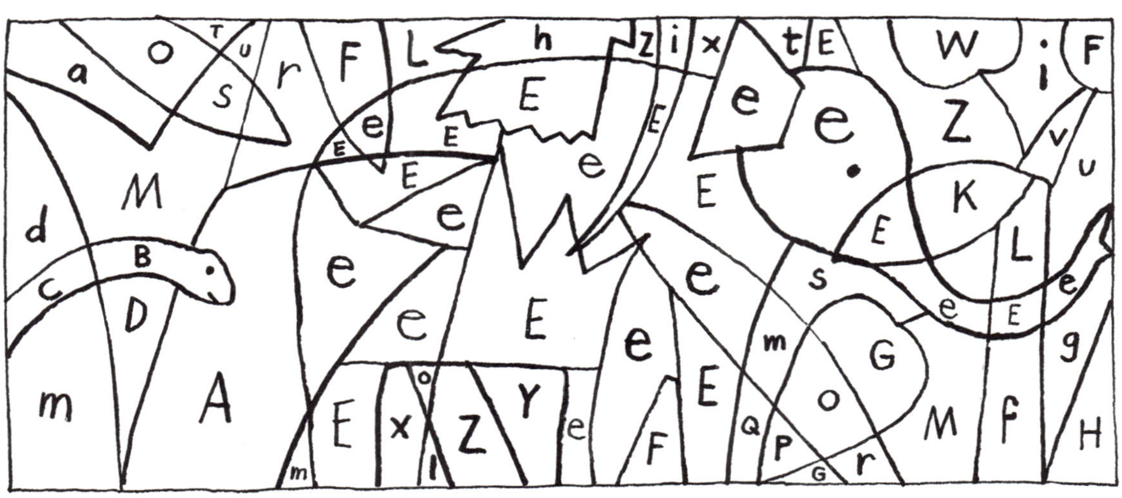

12 E   12 e

E

E e

Name:

I i

I

Die Igel haben viele spitze Stacheln.
Sie fressen Würmer und Insekten.
Im Winter machen die Igel
Winterschlaf.

Finde den Igel im Laubhaufen!

5 I 9 i

I

I i

   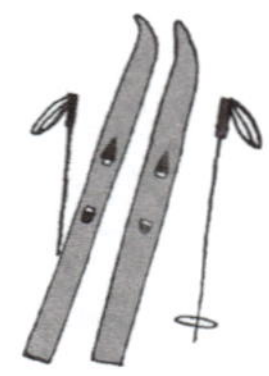

Name:

O o

O

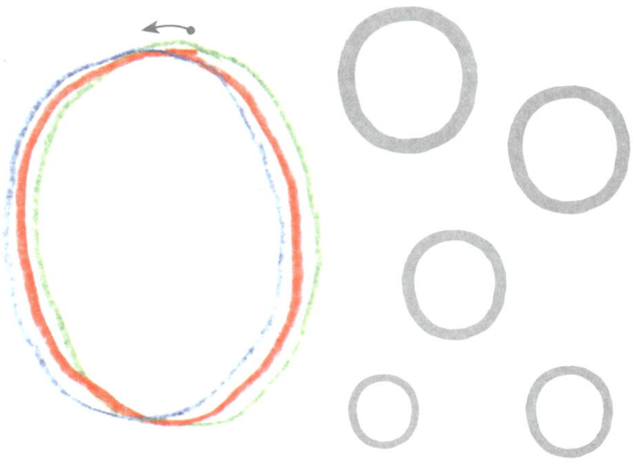

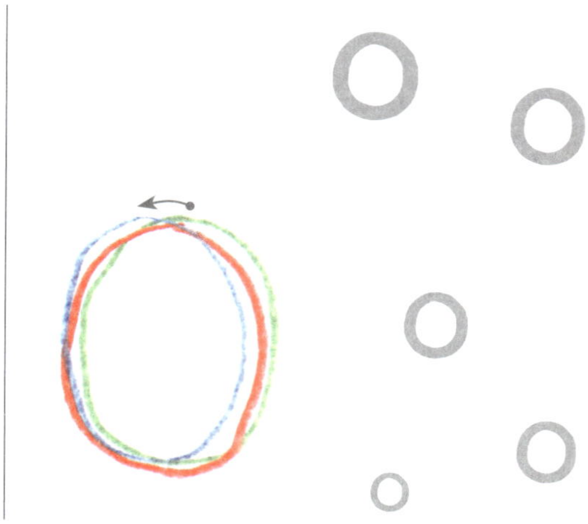

Oma und Opa
find ich noch toller
auf ihrem roten
Motorroller.

2O 6o

O

O o

 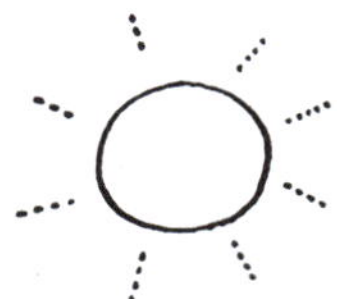  

Vogel, Vase	V v			-ß	Fuß
Qualle	Qu qu			-ng	Ring
Xylophon	X x			-ck	Schnecke
Ypsilon	Ypsilon Y y			-tz	Katze
Computer, Cent	C c				
Spinne	Sp sp			-ie	Riese
Stern	St st			Ä ä	Äpfel, Bär
Pferd	Pf pf			-äu	Mäuse

Schreibtabelle zu Zebra

Klett

Zebra

Schreibtabelle

-  M m
-  L l
- 

Ch ch
-  B b
-  S s
-  D d
-  W w
-  Sch sch
-  G g

-  A a
-  E e
-  I i
-  O o
-  U u

-  Au au
-  Ei ei
- 

Eu eu
- 

Ö ö
-  Ü ü

-  N n
-  H h
-  R r
-  P p
- 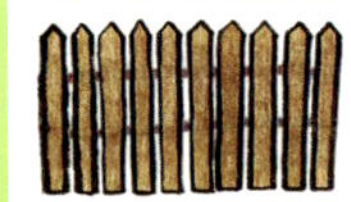 Z z
-  T t
-  F f
-  J j
- 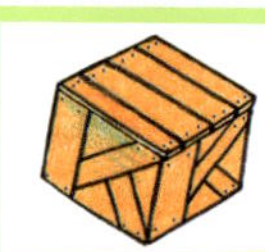 K k

Name: ______________________

U u

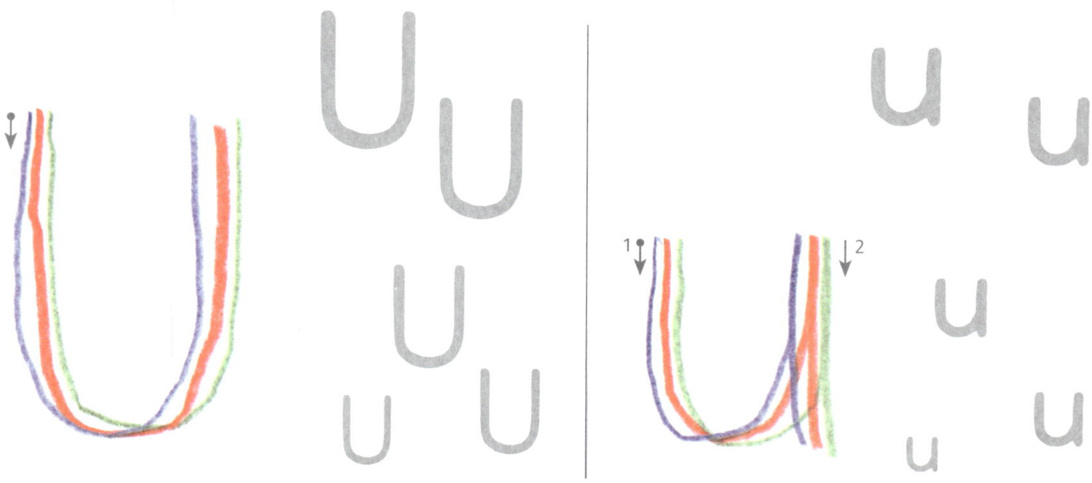

● U

u

Uu

● U u

Was man rufen kann:

3 U 21 u

U u

U

Suche 6 Unterschiede!

Name:

M m

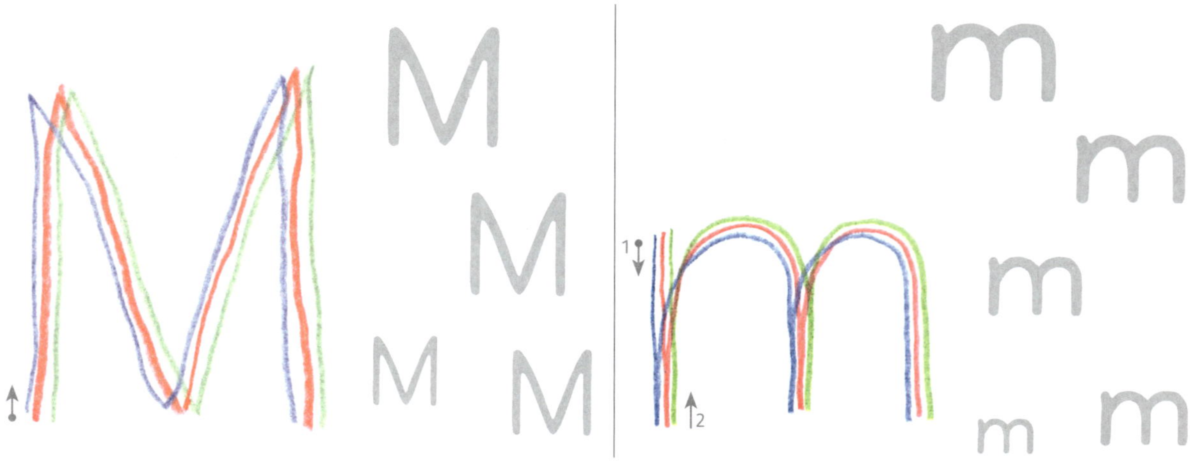

Meine Mama mag Mäuse.
Mich hat sie so lieb.
Manchmal sagt sie:
„Mein Mäuslein!“
Und ich sage: „Piep!“

Ute Andresen

7 M 3 m

M			m

M

Name:

L l

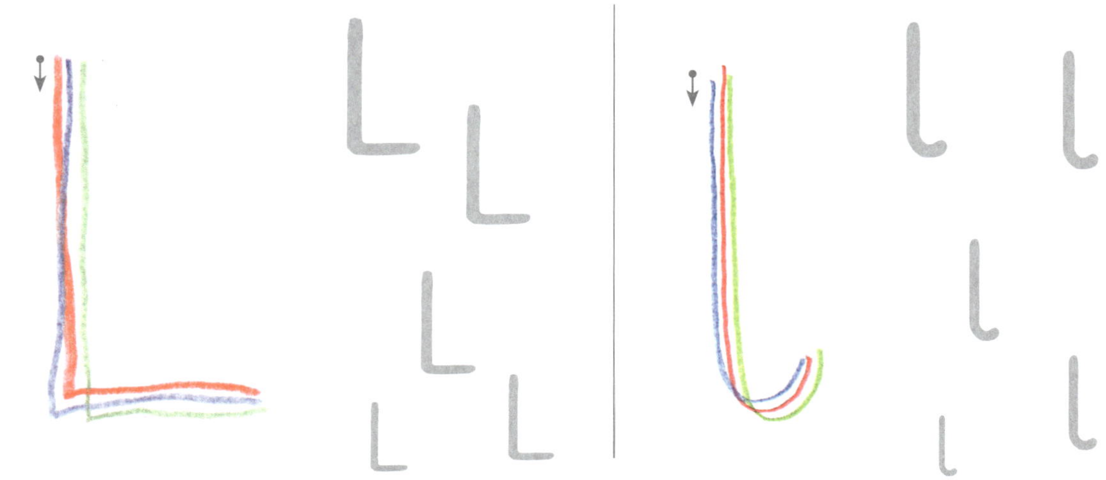

L l

Ich gehe mit meiner Laterne
und meine Laterne mit mir.
Da oben leuchten die Sterne
und unten leuchten wir.

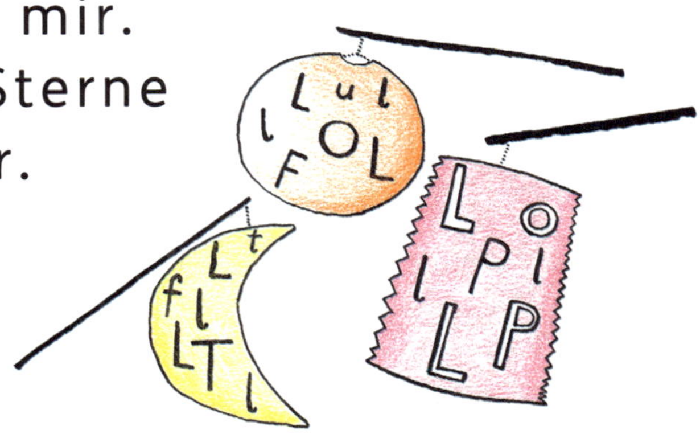

2 L 2 l

6 L 6 l

L

L			l

 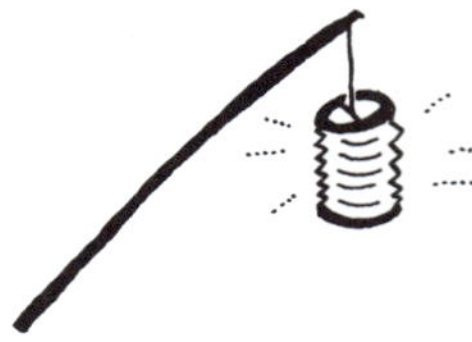  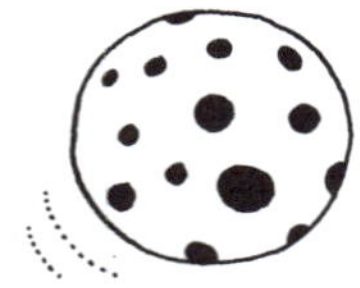

L

Name:

Ch ch

Ch Ch Ch Ch Ch | ch ch ch ch ch

Ch Ch Ch

ch ch ch

Ch ch Ch Ch ch

5 ch

Alle machen lustige Sachen und lachen.
Ich mag dich und du magst mich.

6 ch

ch

ch

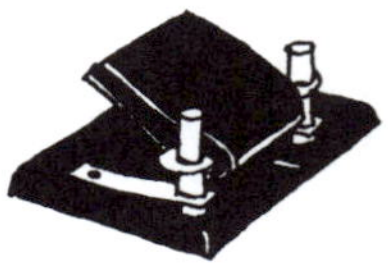

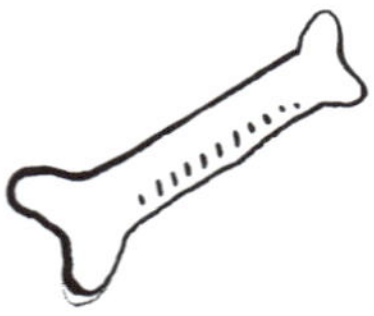

ch

Name:

B b

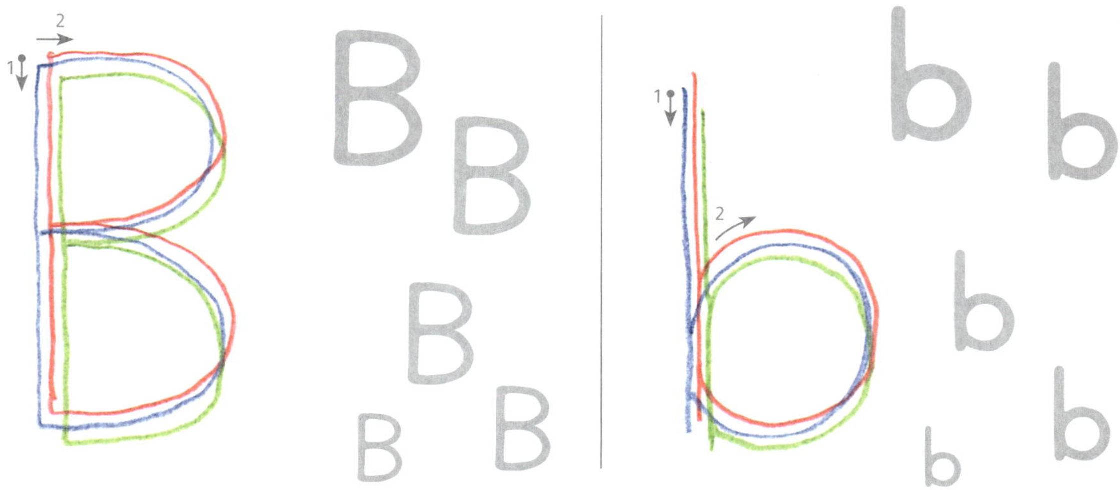

B B B

b b b

B b B b B b

B b B b

Bären brummen,
Bienen summen,
Bäume haben Blätter.
Donnerwetter!

4 B 2 b

B

B			b

 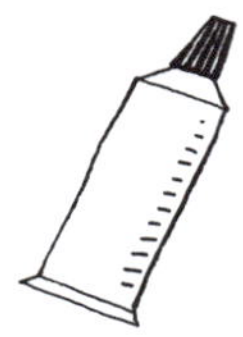  

  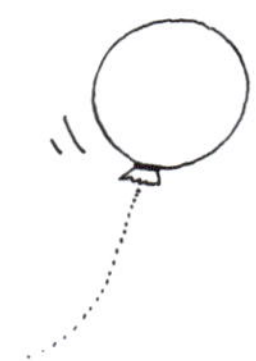 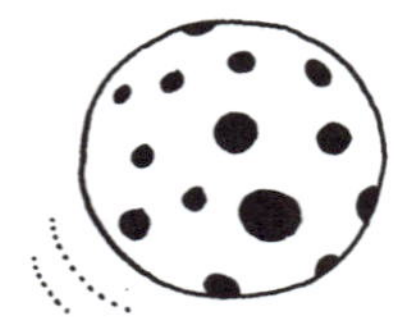

B

Name: ______________________

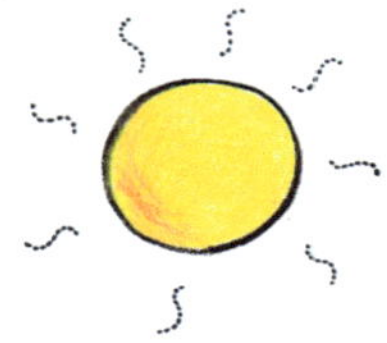

S s

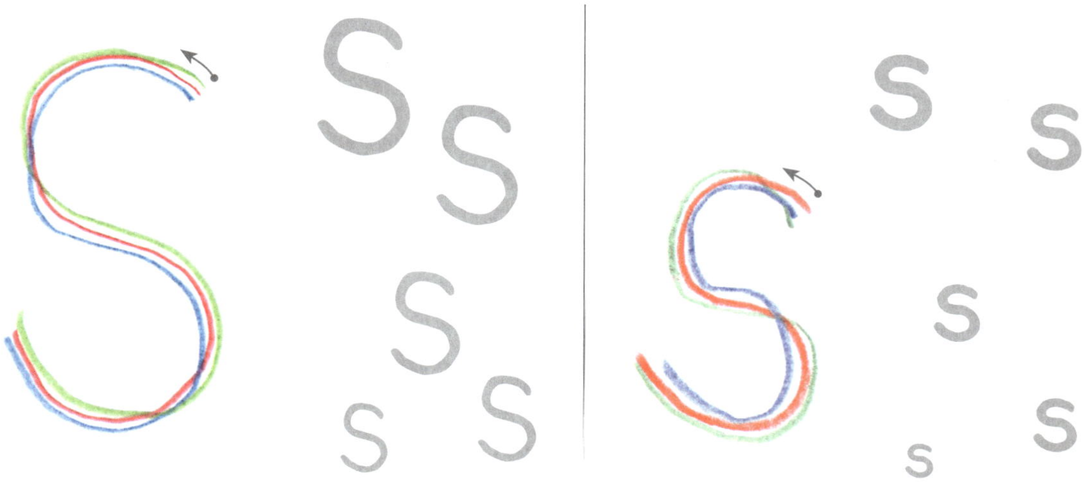

● S S
s s
S s S s

●

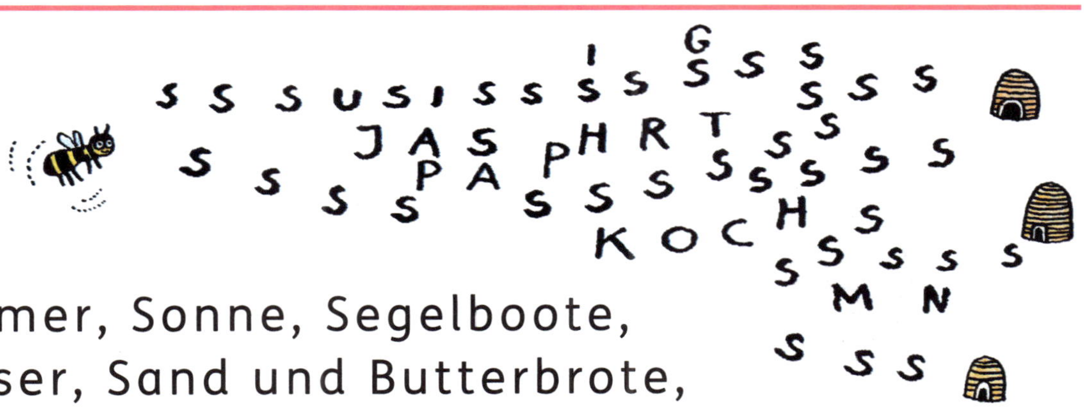

38 S

Sommer, Sonne, Segelboote,
Wasser, Sand und Butterbrote,
Eis und Obst, Senf und Wurst,
süßen Obstsaft gegen Durst.

5 S 9 s

S

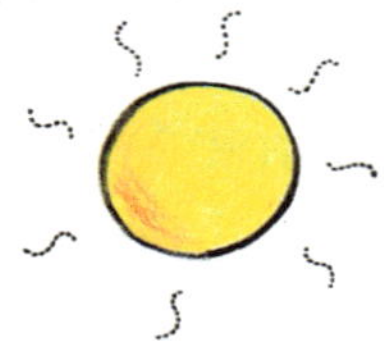

S			s

 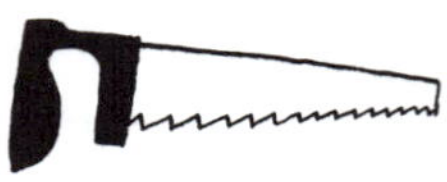 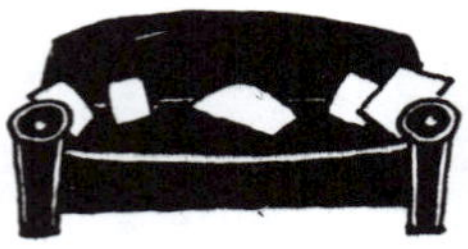 

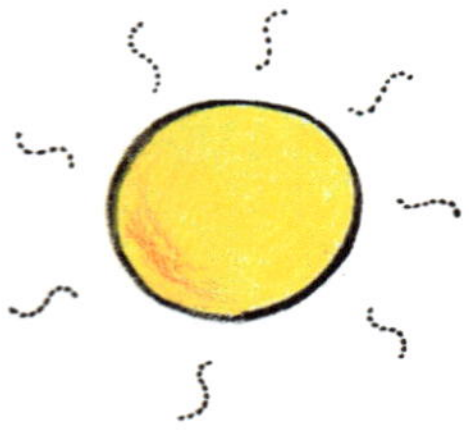 

S

Name: ______________________

D d

D d

D d

Dd

Getuschel

Die da
ist mit
der da da
und
der da
ist mit
dem da da

Jürgen Spohn

1 D 10 d

D

D d

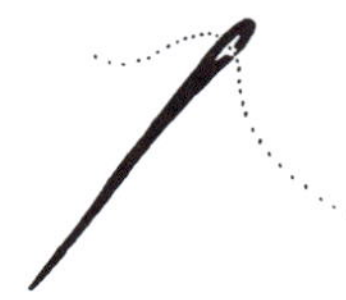

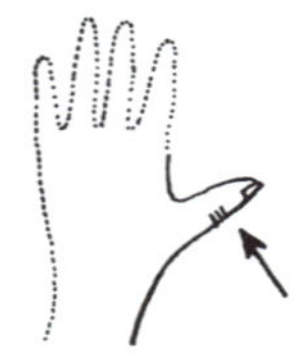

D

Name:

W w

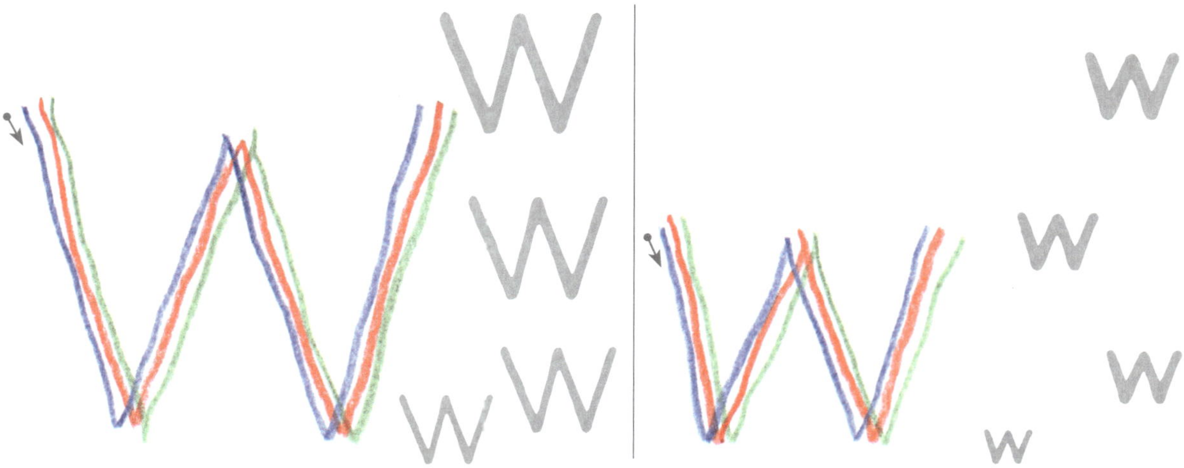

W

w

W w

waschen

schwimmen

wandern

würfeln

werfen

Wer will
wo
was
wann
machen?

1 W 4 w

W

W			w

 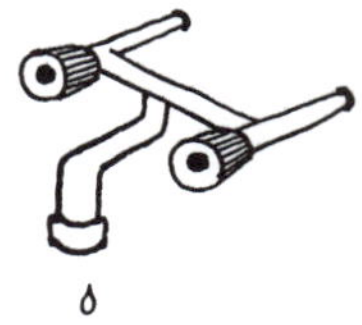  

   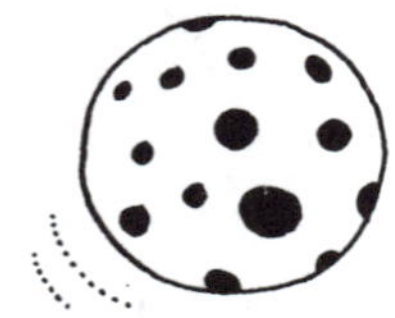

W

Name:

Sch sch

Sch Sch Sch Sch Sch

sch sch sch sch sch

Sch Sch Sch

sch sch sch

Sch sch Sch sch

Sch sch

Ein Schneemann
mit schönem Schal
saust schnell
mit dem Schlitten
ins Tal.

3 Sch 2 sch

Sch

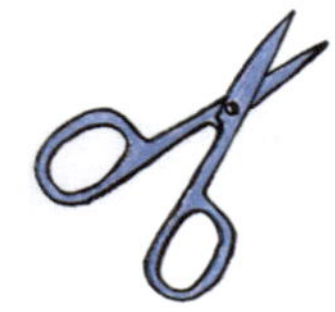

Sch	

	sch

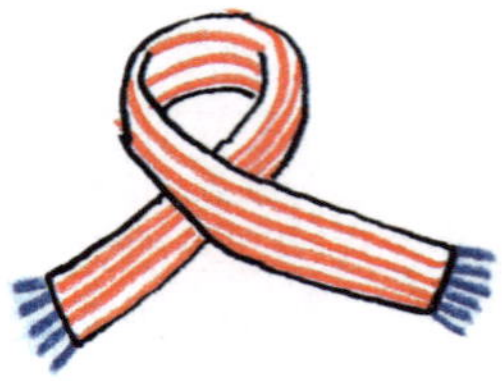

Sch

Name:

G g

G G G G G G

g g g g g g

G G G

g g g

Gg Gg Gg

Geige, geige, lieber Affe,
zum Geburtstag der Giraffe.
Die Gitarre spielt die Gans
und der Tiger geht zum Tanz.

5 G 6 g

G

G g

G

Name:

Au au

Au Au Au Au Au

au au au au au

Au

au

Au au

Au au

Da schaut eine Maus
aus dem Haus heraus.
Lauf, Maus, lauf!

8 au

Au			au

Name:

Ei ei

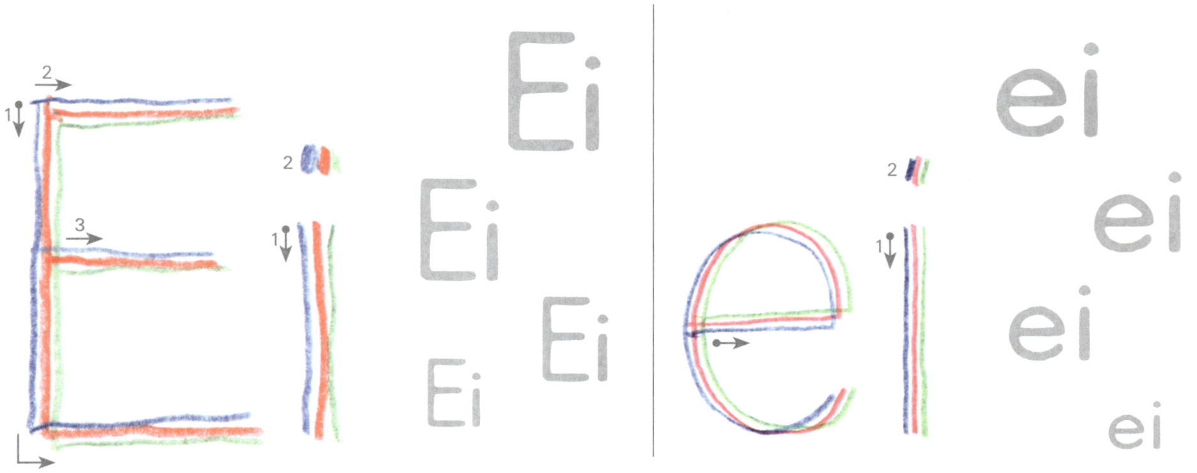

Ei Ei Ei

ei ei ei

Ei ei Ei ei Ei ei

Ei ei

Aus der Zeitung:

4 Ei 11 ei

Ei	

	ei

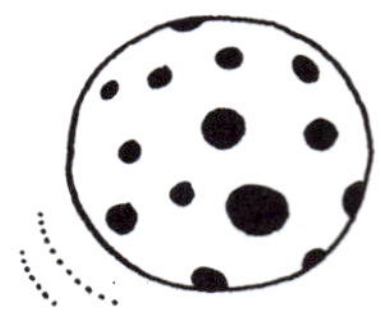

Ei ei

Ein Schwein
auf der Leiter
weiß nicht mehr weiter.

Name:

Eu eu

Eu Eu Eu Eu Eu

eu eu eu eu eu

Eu Eu Eu

eu eu eu

Eu eu Eu eu Eu eu

Eu eu Eu eu

Die Eulen
heulen
heute
um neune
in der Scheune.

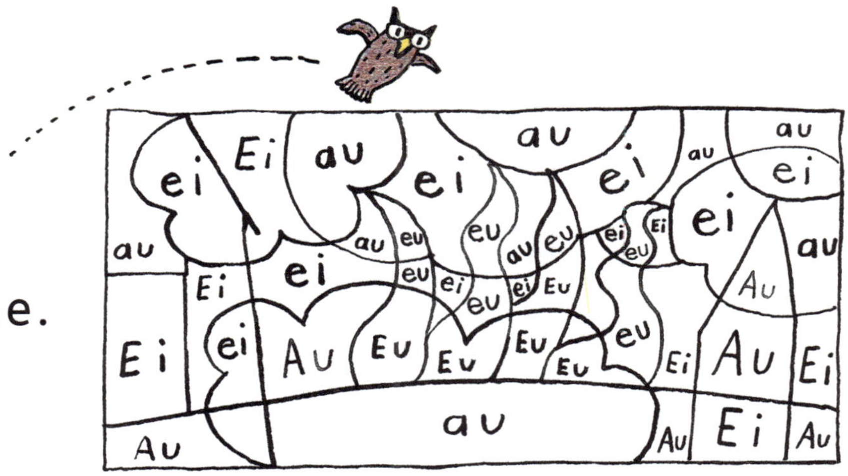

1 Eu 4 eu

Eu

Eu				eu

Name:

Ö ö

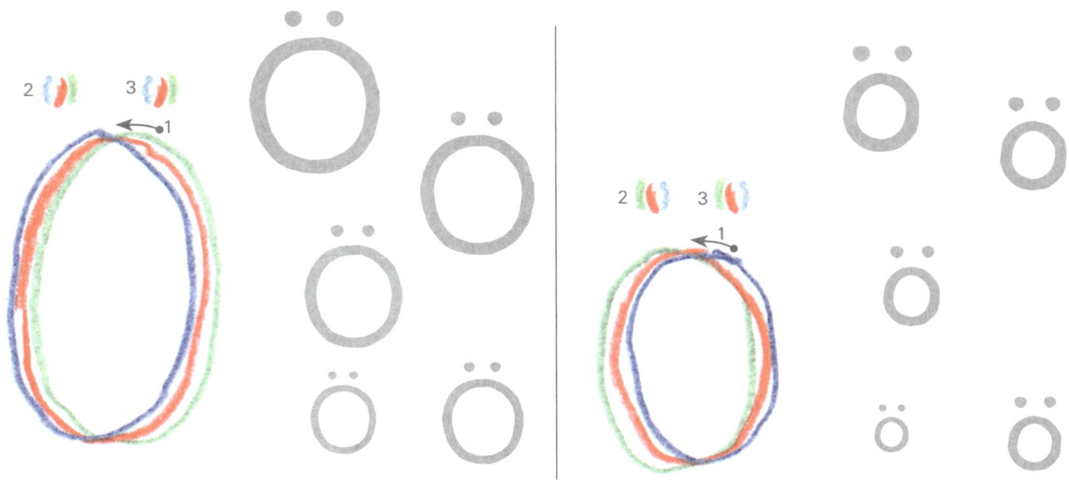

Ö ö Ö ö

Flötentöne
kann man hören,
lautes Flöten
könnte stören.

6 ö 7 ö

Ö

Ö			ö

Name:

Ü ü

Ü Ü Ü Ü Ü

ü ü ü ü ü

Ü

Ü Ü

ü ü

Ü ü Ü ü

Ü ü

Türkische Wörter

zürafa

gözlük

yüzük

süt

otobüs

bisküvi

8 ü

Ü

ü

5

Name: ______________________

N n

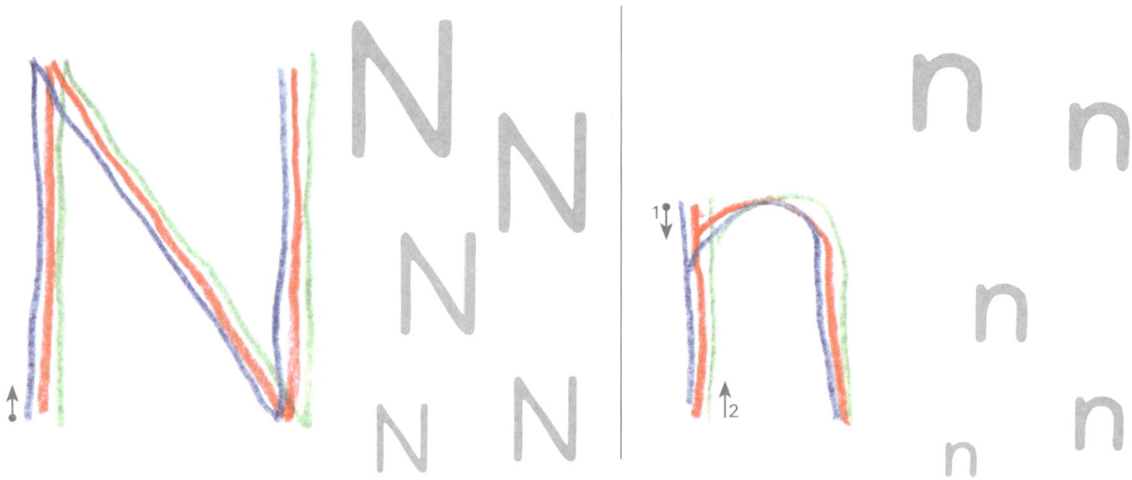

N N

n n

Nn Nn

N n

Das Nilpferd und
das Nashorn,
die bauten sich ein Nest,
dann luden sie
die Nachbarn ein
und feierten ein Fest.

4 N 12 n

N n

N

Name:

H h

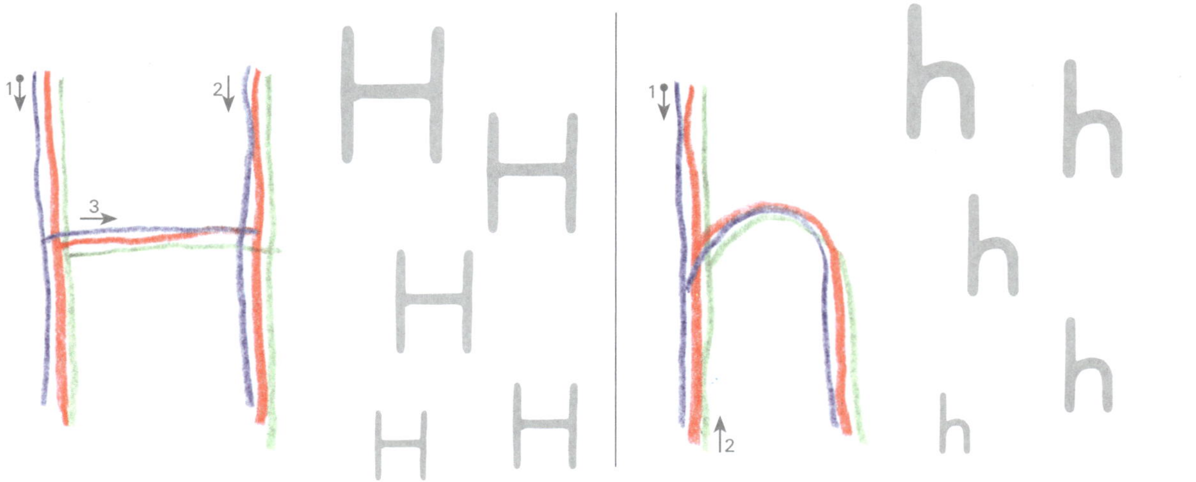

H

h

Hh

H h

Hinter Hansens Hinterhaus
hängen hundert Hemden raus.

9 H 6 h

H h

H

Name:

R r

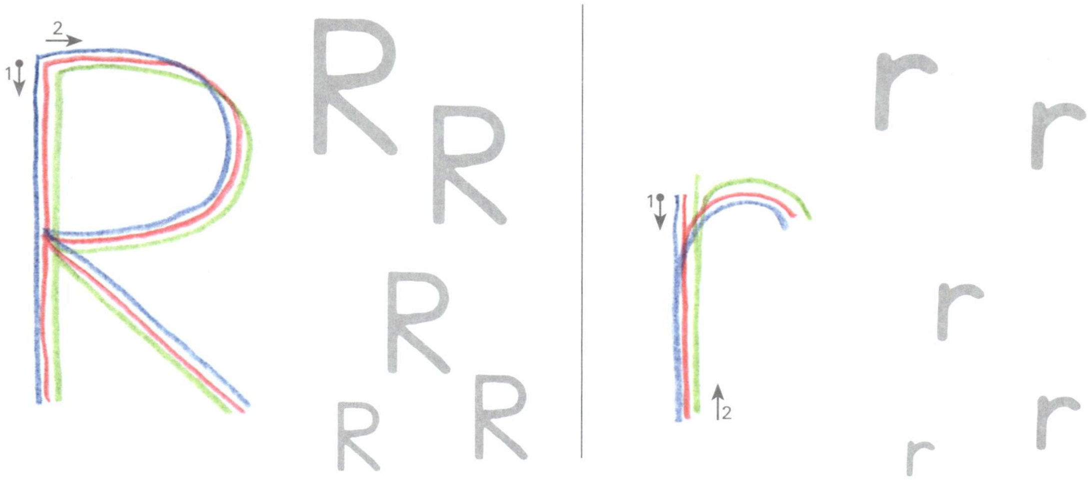

R R

r r

Rr Rr

R r

Ramona rollert immer toller
mit ihrem neuen roten Roller.

2 R 7 r

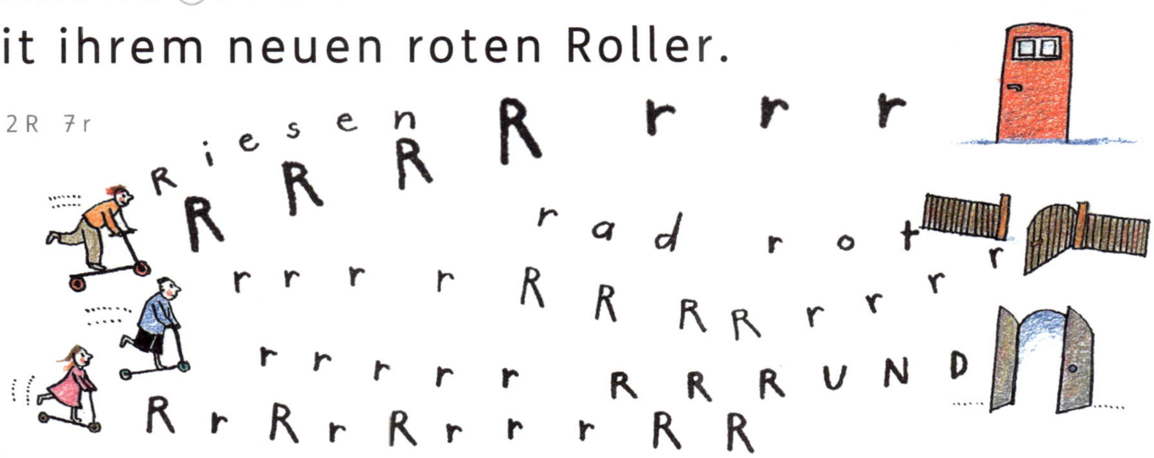

17 R 23 r

R r

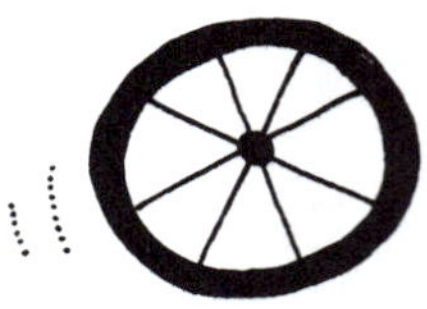

R

Name:

P p

P P P P P

p p p p p

P P

p p

P p P p

P p

P p

Popcorn, Papa, Papagei,
pi, pa, po
und du bist frei!

3 P 6 p

13 P 13 p

P

P p

P

Name:

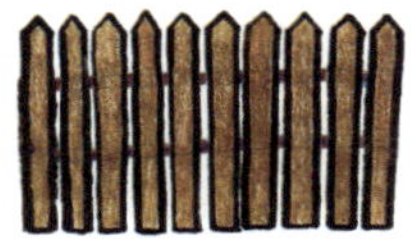 Z z

Z z

Z z

Z z

Zz

Dreimal täglich Zähne putzen,
das wird deinen Zähnen nutzen.

2 Z 2 z

Z

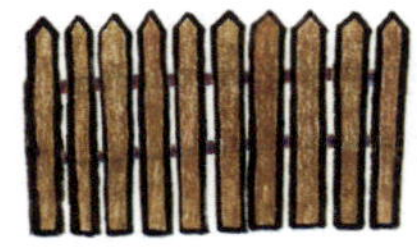

Z | z

  10 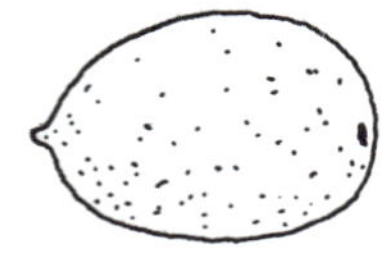

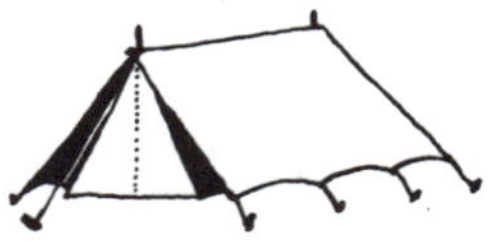   

Z

Name:

T t

T t

T t

T t

An einem trüben Regentag
tanzen tausend Tropfen
vom trüben Himmel
und tropfen in den Teich.

2 T 6 t

5 T 5 t

T

T t

Suche 6 Unterschiede!

T

Name:

F f

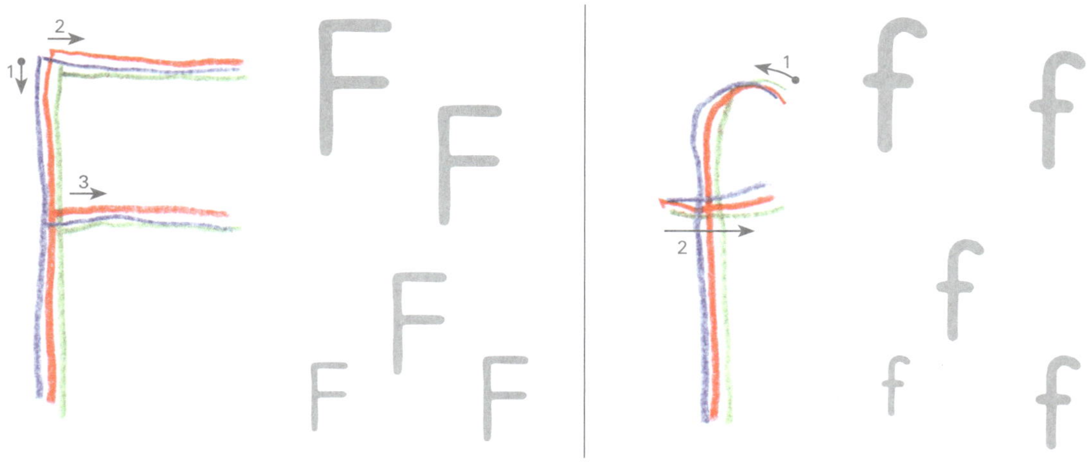

F

f

Ff

F f F f

Fischers Fritz
fischt frische Fische.

3 F 2 f

12 F 6 f

F

F			f

F

Name:

J j

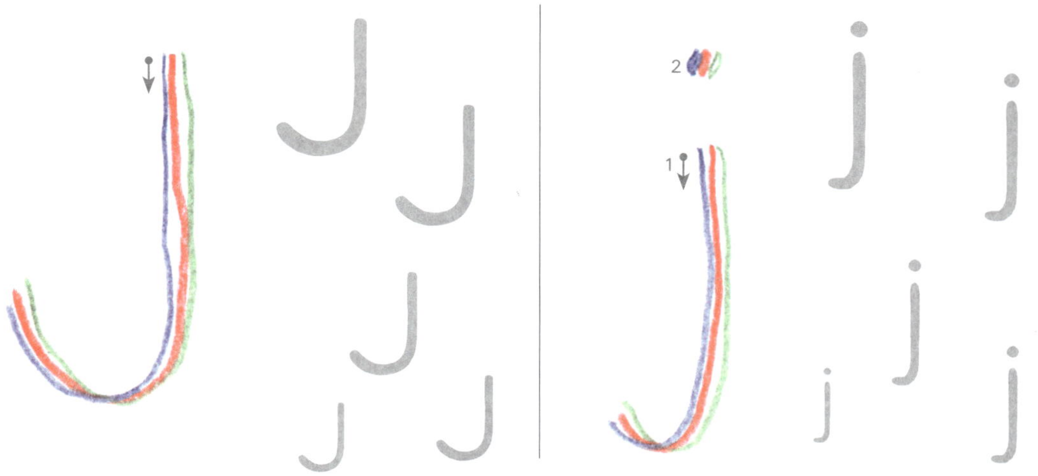

J j

Jana macht den Jogurt auf.
Der Jogurt fliegt auf die Jacke drauf.
Jana jammert: „Oh je, oh je!"
Dabei tut ein Fleck nicht weh.

5 J 3 j

J

J j

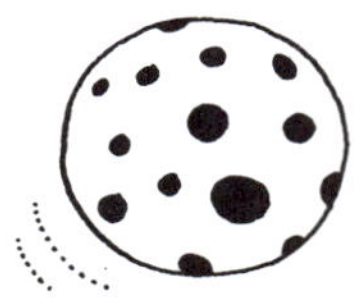

Name:

K k

K K K K K K

k k k k k k

K K

k k

Kk Kk Kk

K k K k

Kleine Katzen
können kratzen
mit den Krallen
an den Tatzen.

3 K 2 k

K

K k

K

Name:

Jede Silbe hat einen König

Diese Buchstaben sind wichtig. Wir nennen sie Könige.

 A a

 E e

 I i

 O o

 U u

 Au au

Ei ei

Eu eu

Ö ö

 Ü ü

Hose

Wal

Banane

Sofa

Insel

Tomate

Jede Silbe hat einen König

Melone

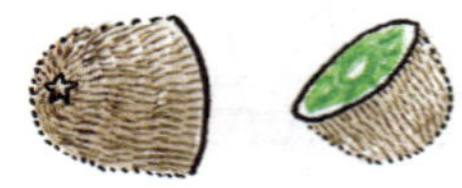

Kiwi

Pirat

Schule

Banane

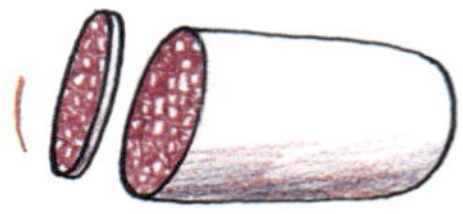

Salami

Rakete

Krokodil

Name:

Schwingen und schreiben

Ufo

Schwingen und schreiben

Name: ______________________________

Decke drei zusammengehörende Karten auf.

		Flugzeug
		Bus
		Hubschrauber
		Pferdekutsche
		Lokomotive

Name:

Welche Buchstaben passen zu den Bildern?

V v

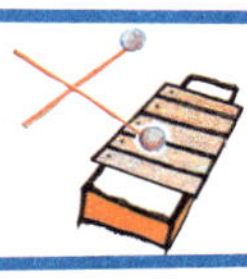

Ypsilon

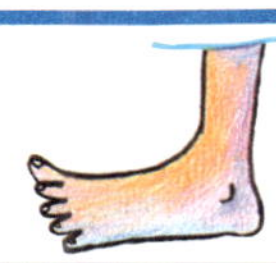
-ß

-

-

-

-

-

V v

1. Schreibe!

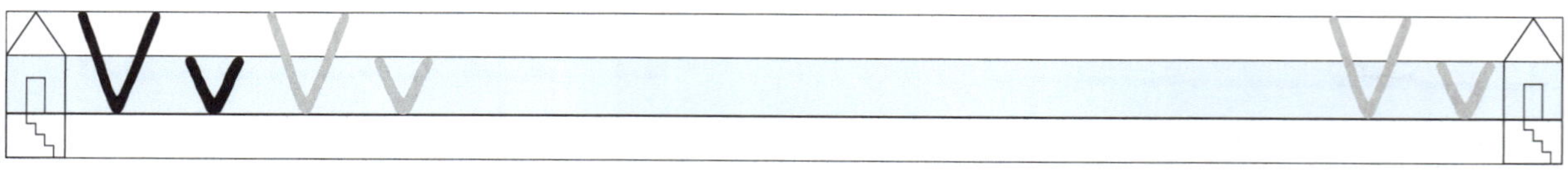

2. Lies und verbinde!

Klavier	vorlesen	Vater	Vase	Vogel	Vampir

3. Ordne und schreibe!

V klingt wie F

V klingt wie W

Name:

Qu qu

1. Schreibe!

Qu Qu Qu Qu | qu qu qu qu

Qu Qu Qu

qu qu qu

2. Lies und verbinde!

Aquarium | Quark | Quadrat | Qualle | Quartett

3. Was ist das? Schreibe!

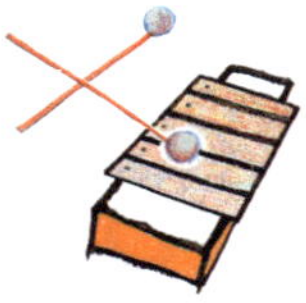

X x

X

1. Schreibe!

2. Kreise ein und lies! Übermale X im Bild!

Hokus, pokus,
eins, zwei, drei,
wen hext die Hexe
fix herbei?

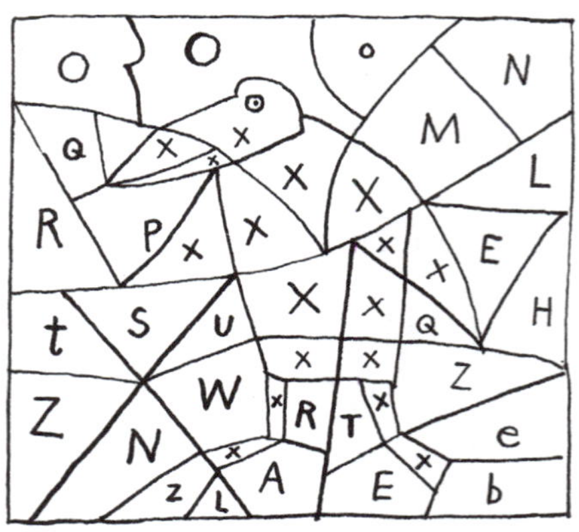

17 X

3. Was ist das? Schreibe!

Name: ____________________

Ypsilon Y y

1. Schreibe!

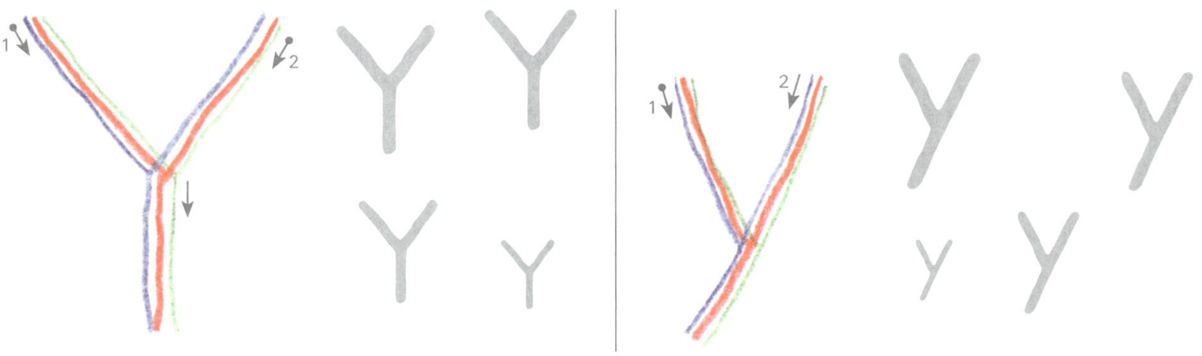

2. Lies und verbinde!
Kreise y ein! Höre, wie y klingt!

Ein Rätsel mit Y

ein kleines Kind		Pyramide
ein tragbares Telefon		Pony
ein Schmusetier		Handy
ein kleines Pferd		Baby
ein Bauwerk in Ägypten		Teddy

C c

C

1. Kreise alle Namen für Mädchen rot ein!
Kreise alle Namen für Jungen blau ein!

Nico	Marco	Carlo	Carmen	Rocco
Marcel	Celina	Corinna	Clemens	Luca
Rebecca	Carina	Nicolas	Conni	

2. Lies und verbinde!

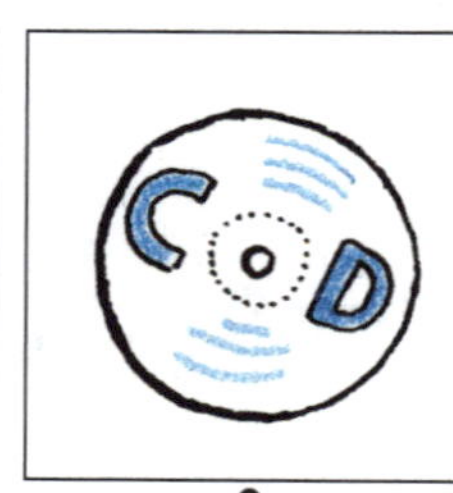

Computer	Cent	CD	Clown	Comic

Name:

Sp sp

1. Lies und verbinde! Kreise Sp ein!

Spinat	Spardose	Spaten	Spiegel	Specht

Sp

2. Sp sp Kreise ein und lies! ja oder nein

Die Spinne hat vier Beine. ________

Ich spiele gern mit Puppen. ________

Sport macht mir Spaß. ________

Ich kann weit springen. ________

3. Was spielt Franz?

St st

1. Lies und reime!

Bein

 St

Hufe

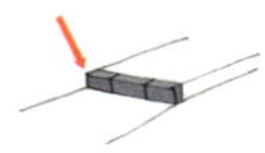

Kamm

Kern

2. (St)(st) Kreise ein und lies! ja oder nein

Der Storch steht auf einem Bein. ______

Der Stiefel ist grün. ______

Der Stern hat drei Zacken. ______

Im Stall steht eine Kuh. ______

3. Wo sitzt Franz?

Name: ______________________

Pf pf

1. Lies und verbinde!

 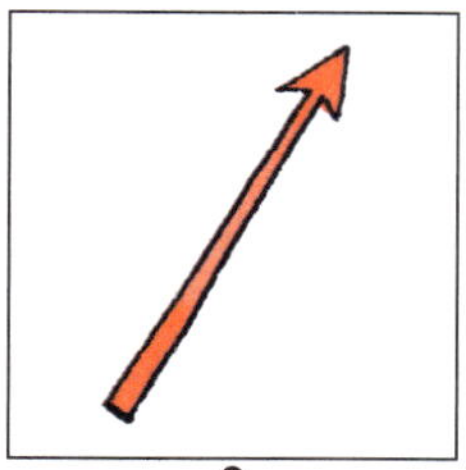   

Pfirsich	Pflaster	Pferd	Pflaume	Pfeil

2. Lies und reime!

Kopf

Herd

Knopf

Mütze

3. Was ist hier los? Schreibe!

pflanzen pflücken

Pf

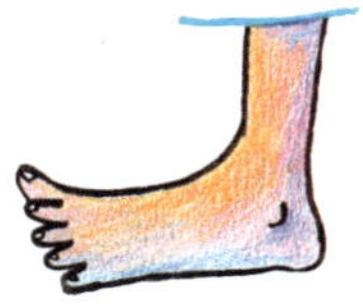 -ß

1. Schreibe!

ß ß ß ß ß ß

ß ß ß

2. Lies und kreise ß ein!

Es ist heiß.
Die Kinder sind barfuß.
Sie bauen ein Floß.
Das macht Spaß!

3. Male ein Floß mit einem großen, weißen Segel!

4. Suche immer das Gegenteil!

sauer	süß
klein	
schwarz	
kalt	

-ß

Name:

-ng

1. Lies und verbinde!

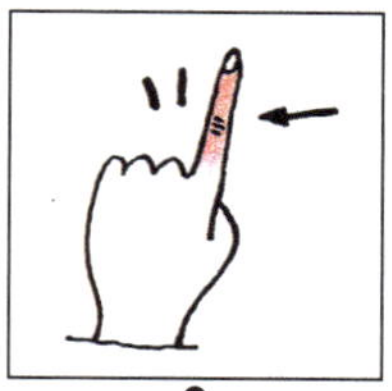

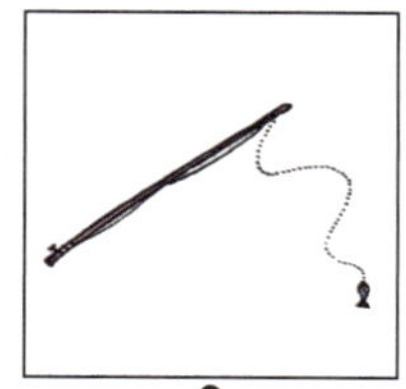
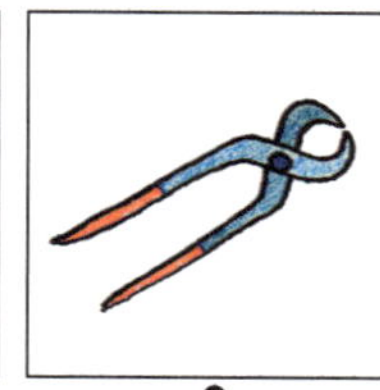

Junge	Zange	Finger	Engel	Zeitung	Angel

2. Welches Wort passt? Kreise ng ein!

bringen angeln hängen springen schwingen ?

-ng

-ck

1. Wie heißen die Wörter in der Schnecke?

2. ck Welches Wort passt? Kreise ck ein!

?	lecken	ticken	pflücken

Name:

-tz

1. Auf dem Weg zum Schatz gibt es vier Dinge mit tz.
Finde sie und schreibe sie auf! Kreise tz ein!

Schatz

2. Was kannst du tun? Ergänze die Sätze!
Kreise tz ein!

putzen sitzen spitzen

Einen Bleistift kannst du ______.

Deine Schuhe kannst du ______.

Auf einem Stuhl kannst du ______.

-tz

-ie

1. ie Färbe -ie und lies!

Wenn Riesen niesen
Sieben Riesen,
die mit bloßen Füßen
über nasse Wiesen liefen,
niesten mit ihren Riesennasen so laut,
dass von diesem Riesenniesen
sieben Wieselkinder,
die in tiefen Zimmern schliefen,
aufwachten und „G'sundheit!" riefen.

Josef Guggenmos

17 -ie

2. ie Lies und reime! Färbe -ie !

	Ziege		Schiene
	W		
	Wiese		Dieb

	vier		Klavier
		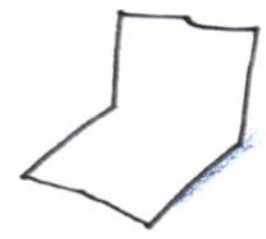	

-ie

Name: ______________________

Ä ä

1. Lies und schreibe den Satz ab!

Ein Mädchen fand im März
einen Käfer.

____

____

2. Lies und schreibe! Färbe a und ä!

Aus a wird ä

Einzahl		Mehrzahl	
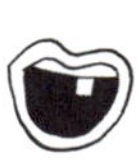	ein Zahn		viele Zähne
	ein Ball		
	ein Blatt		
	ein Glas		
	eine Hand	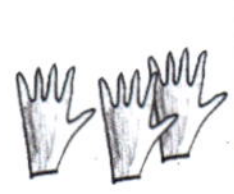	

Ä

-äu

1. äu Färbe äu! Lies!

Eine Maus und eine Laus
wohnen in einem Haus
unter einem Baum
hinter einem Zaun.

Drei Mäuse und drei Läuse
wohnen in drei Häusern
unter drei Bäumen
hinter drei Zäunen.

5 äu

2. au äu Färbe au und äu!

Aus au wird äu

Einzahl	Mehrzahl
der Zaun	die Zäune
der Baum	die
das Haus	
die Maus	
die Laus	

-äu

Name: ______________________________

Aus a wird ä, aus au wird äu.

1. a ä Lies und färbe a und ä!

	wir fahren	er fährt	
	wir fangen	sie fängt	
	wir schlafen	es schläft	
	wir tragen	sie trägt	
	wir graben	er gräbt	
	wir backen	er bäckt	

2. au äu Lies und färbe au und äu!

	sie laufen	es läuft	
	sie saufen	es säuft	

Welche Silben fehlen?

Sprich deutlich! Ergänze die fehlenden Silben!
Färbe in jeder Silbe den König!

Na |

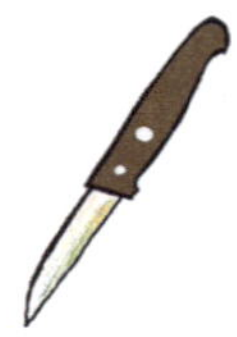

Mes |

Lei |

Ku |

Scho | la |

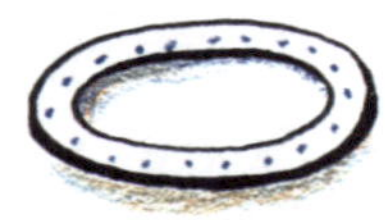

Tel |

Ro | ter

Zi | ne

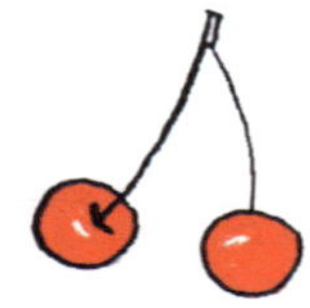

Kir |

Un | | se

| ter |

| le |

| ko |

Zau | er

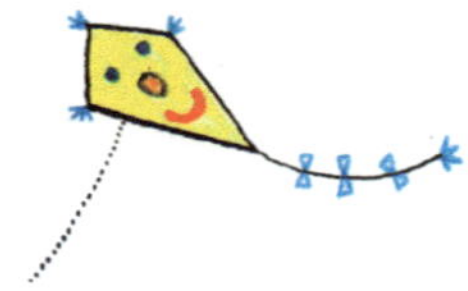

Dra |

Name: ______________________

Welche Könige fehlen?

Schwinge die Wörter!
Setze die fehlenden Könige ein!
Färbe die Könige in jeder Silbe!

| M | w |

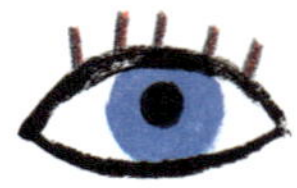

| | g |

| R | p |

| B | g | l |

| F | r |

| S | f |

Setze die fehlenden Könige ein! Welches Wort passt nicht? Streiche es durch!

Eu eu

| B | le |

| K | le |

| M | se |

| F | er |

Ü ü

| N s | se |

| B | cher |

| L | we |

| B rs | te |

Ei ei

| S | fe |

| Schw | n |

| Kl | d |

| F | er |

Welche Könige fehlen?

Schwinge die Wörter!
Setze die fehlenden Könige ein!
Färbe die Könige in jeder Silbe!

B | n

R | s

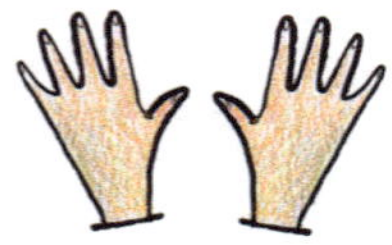
H n | d

K | s

R | b r

S | l

Setze die fehlenden Könige ein! Welches Wort passt nicht?
Streiche es durch!

-ie

B | ne

R | se

M | se

S | b

Ä ä

B | ren

Z h | ne

10
Z | hn

R | der

-äu

Z | ne

M | se

B | le

H | ser